Was willst du mal werden? Wenn's geht, Poet!

Dieses Buch widme ich meiner lieben Frau Gabi.
Ohne ihre stetige Mitarbeit wäre es nie erschienen.

Wolfgang Luttermann

Was willst du mal werden? Wenn's geht, Poet!

Bibliografische Information der Deutschen Nationalbibliothek:
Die Deutsche Nationalbibliothek verzeichnet diese Publikation in der
Deutschen Nationalbibliografie; detaillierte bibliografische Daten sind im
Internet über < http://dnb.d-nb.de > abrufbar.

©2006 Wolfgang Luttermann
Satz, Umschlagdesign, Herstellung und Verlag: Books on Demand GmbH,
Norderstedt
ISBN 978-3-8334-6437-9

Inhalt

Vorwort   9

Ja wo sind sie denn?   11

Der Herzinfarkt   13

Der Urknall   15

Der Simulant   19

Die Auferstehung   22

Egal   25

Dankbarkeit   27

Arm und Reich   29

Arm und Reich   31

Der Stubenhocker   33

Wer mag dieses Männlein sein   35

Teuro   37

Teuro   39

Teuro   41

Teuro   42

Die Zeit   44

Zwei Leidgenossen   46

Der Streber 52

Das Unverzichtbare 54

Du bist Deutschland 55

Die unsichtbare Brücke 57

Nein, ich bin nicht Deutschland 61

Nichtraucher/-in aus Überzeugung 65

Goodbye Jessie 66

Adebar und der Breitmaulfrosch 68

Das kleine Nachtgebet 70

Oma trinkt ein Bier! 72

Drei Wünsche 74

Der Adel 77

Fridolin der Beamte 78

Der Missionar 81

Die vier Matrosen 82

Die Pädagogin 84

Die Erde 86

Die Perlenhochzeit 88

Das Vorstellungsgespräch 90

Farbenblind 91

Hein, der Schelm   93

Die Gewohnheit   94

Schnippischnappi   96

Petri Heil   98

Das Rätsel   99

Bernd   101

Der goldene Löffel   103

Die Gedanken   105

Lohn der Treue   106

Sinn des Lebens   108

Bullerei   110

Limericks   112

Vorwort

Nimm doch die Freiheit dir heraus,
gönne dir ein, zwei Flaschen Gutes,
trag den Gedichtband mit nach Haus,
gleich bist du guten Mutes.

Bebet der Vulkan, die Erde zittert,
wenn ein Asteroid herniederfällt,
bleib locker und sei nicht verbittert,
weil nur die schönste Stunde zählt.

Das Leben ist zu kurz zum Schmollen,
dafür nimm dir nicht die Zeit,
schöpfe Freude und Frohsinn aus dem Vollen,
leg die Sorgen ab unter Vergangenheit.

Falls du mal doch von Pein beflügelt,
und das Leben scheint dir schwerlich,
Trübsinn wird gleich weggebügelt,
lese meinen Band, „ganz ehrlich".

So ist's, was soll ich dir noch sagen,
mach endlich locker die paar Kröten,
diesen Luxus kannst du wagen,
sonst gehn sie für was anderes flöten.

Ein armer Poet.

Ja wo sind sie denn?

Wo sind die großen Meisterlein?
Da steh ich nun, seh keines, nein,
doch die Menschen sehnen stumm,
nach dieser Zeit sich wiederum.

*»**Festgemauert** in der Erden,*
steht die Form, aus Lehm gebrannt.
Heute muss die Glocke werden,
frisch Gesellen! seid zur Hand.«

***Die Poesie** wird langsam stiller,*
war dieses Werk denn nicht von Schiller?
»Wer reitet so spät durch Nacht und Wind«
kennt doch sicher jedes Kind.

*»**Fuchs,** du hast die Gans gestohlen«*
war als Liedchen gern empfohlen;
Daumenlutscher, Suppenkasper, Struwwelpeter
aus Peter Hoffmanns schwungvoller Feder.

***Schneewittchen** und der Zwerglein sieben –*
wo sind die Meister nur geblieben,
die unser Herz so voll erfreut,
was ist geschehen, liebe Leut?

***Damals** konnt man nicht vertonen,*
keine Dichterfürsten klonen.
Hat wohl Technik oder Geld
so verändert unsre Welt?

War's der Fortschritt weltenweit,
der verändert' Mensch und Zeit,
oder einfach nur ein Trend,
der fast der Muse setzt' ein End?

War es die Hexe Apple, dieses Luder,
die uns da zauberte den Computer?
Für Poesie wohl keine Bindung,
vorwärts schreitet die Erfindung.

Vergessen für immer einst'ge Werke,
sind wir im Geiste nur noch Zwerge.
Literatur, auf welcher Spur
fährt seit damals die Kultur?

Der Herzinfarkt

Ach, lieber Mensch, gib stets Acht,
ich komme wie ein Dieb bei Nacht,
schleichend auf ganz leisen Sohlen,
werde ich mir dein Leben holen.

Wenn ich Glück hab und es klappt,
hast du mich zu spät ertappt,
Das heißt nicht, mir ist der Mensch egal,
im Prinzip bin ich doch sehr sozial.

Hör zu, als Farkti rat ich dir,
trink Wein en masse, auch Schnaps und Bier,
der Tabak ist ein Spitzenmittel,
gut konsumiert bringt er ein Drittel.

Fettes Essen, sehr gesund,
es beschert manch starkes Pfund,
Stress und Hektik nie verkehrt,
hat sich bisher gut bewährt.

Wie schnell verletzt du dich beim Sport,
denn bedenke: Sport ist Mord;
sei schlau, mein Freund, mit Überlegung,
für was schon braucht der Mensch Bewegung.

Doch vor allem sei kein Schaf,
versäum dein Leben nicht im Schlaf
wenn du hast Schmerzen in der Brust
und auch zum Atmen kaum noch Lust.

Mensch, hör auf mich, das ist kein Hohn,
wir sehn uns: Intensivstation!
Hörst du von fern und nah Geläut,
es ist für dich. Ich bin erfreut.

Setzt du im Leben keine Grenze,
kommt schnell mein Chef mit seiner Sense,
und für den Kreis von deinen Lieben,
steht auf dem Grabsteine geschrieben:

»Hier ruhen leider meine Gebeine,
was gäb ich drum, es wären deine,
oder mach's wie ich, so meine Worte,
Farkti wartet an der Pforte.«

Der Urknall

Endlos weit und tief im All
entstand ein furchtbar lauter Knall,
demzufolge ohne Spott,
ist aufgewacht der liebe Gott.

Die Nacht war kurz, das Weltall groß
und Gott bis dahin arbeitslos,
so dacht er – grübel, grübel und studier
(nicht dass er Angst hätt vor Hartz vier).

Er sah das Feuer, das Gestein
und zum Glück fiel ihm etwas ein:
»Bevor die Brocken weiterfliegen,
erbau ich eine Erde in Tagen sieben.«

Es ward Abend und es ward Morgen,
Gott schuf weiter ohne Sorgen,
ganz ohne Bauhaus, keine Flex,
und brauchte nur der Tage sechs.

So gab es jede Menge noch zu tun,
doch wollt am siebten Tag er ruhn.
Auf dass noch manches wachsen werde,
nannte Gott die Schöpfung Erde.

Er sah an sein Werk ganz wohlgemut,
das Land, die Meere und die Flut,
es gab den Tag sowie die Nacht,
ganz wunderbar, was er vollbracht.

Dass er dafür gepriesen werde,
schuf er den Menschen auf die Erde;
zuerst geformet ward der Mann,
nach seinem Bilde alles dran.

Er sah ihn an und merkt zum Glück,
wie wichtig doch ein Gegenstück:
fünf Minuten nachgedacht,
nahm Rippe weg, hat eine Frau gemacht.

Wie war der liebe Gott doch froh,
als er sah, dass hetero;
mit der Zeit wird man schon sehn,
ob die zwei auch homogen.

Damit sich's besser leben ließ,
schuf Gott für sie das Paradies.
Er gab den Auftrag voll der Ehren,
dass zahlreich sie sich solln vermehren.

Gab ihnen Sinne, auch leider Gier,
stellt sie im Range übers Tier.
Ob gut der Mensch, im Glauben fest,
sollt weisen noch der Apfeltest.

Die Schlange war sehr link und schlau,
mit Hinterlist verführt die Frau.
Was wär gewesen ungefähr,
wenn die Frau stark geblieben wär?

Woher hätt Eva die Weisheit nur genommen,
war sie etwa nicht vollkommen,
in den Augen ihres Herrn,
der Apfel selbst lag ihr doch fern?

Als Adam kam vom Feld zurück,
aß leider er dann auch ein Stück,
darauf war Gott so sehr enttäuscht,
dass aus dem Paradies die zwei verscheucht'.

Ewig Leben? Aus der Traum,
hing alles nur am Apfelbaum,
nur wegen Macht und herber Gründe
ein Leben nun in der Erbsünde:

Dornen, Disteln, Hunger, Tod,
starke Schmerzen, große Not.
Doch was kann Gott vom Menschen erwarten,
den er bestückt mit schlechten Karten?

Die Erde war dem Herrn gelungen,
so wurd's posaunet und gesungen.
Hat sich erledigt, aus sein Traum,
die Schuld beim Menschen, nicht beim Baum.

Viel Kriege gab es, wenig Brot,
der eine schlug den andern tot;
bevor auch ich mich zu Grunde dichte:
Den Rest kennt ihr aus der Geschichte.

Der Mensch, er lebt in Angst und Bange
nur wegen einer blöden Schlange.
Ist es wieder mal der Fall,
gibt es wieder einen Knall.

Ob wir dann rennen oder wetzen,
wenn die Erde fliegt in Fetzen:
keine Welt wird mehr geboren,
denn Gott hat Stöpsel in den Ohren.

Die Moral von dem Gedicht:
Traue einer Schlange nicht,
bist du schlau dann im Gehirne,
vergiss den Apfel, iss die Birne.

Vielleicht war alles nur Geschwätze
und dieser Adam war der Ötzi.
Wie 's wirklich war, ist einerlei,
ganz gut schmeckt mir der Apfelbrei.

Doch Adam und Eva, dieses Pärchen,
tummelten sich vielleicht im Märchen;
die Illusion soll niemand rauben,
ein jeder Mensch hat seinen Glauben.

Der Simulant

Klein-Willi wird mal Simulant,
war seiner Mama wohl bekannt,
er hat verarscht, spielt nur Theater,
Opa, Oma und den Vater.

Was alles tat Klein-Willi weh,
vom linken Ohr hin bis zum Zeh,
sogar die strenge Tante Lilli,
hatte Mitleid mit Klein-Willi.

Als dann der Junge kam zur Schule,
war Klein-Willi schon der Coole,
war's zu warm ihm oder kalt,
war er lieber doch im Wald.

Blieb es stets auch unumstritten,
dass er den Magenkrampf erlitten,
kam es dem Lehrer doch so vor,
dass der Willi sei ein Schlitzohr.

Denn er schien doch kerngesund,
ein dicker Bub und kugelrund.
Später kam man zum Entschluss,
dass Willi auch was lernen muss.

Sein Talent nützte ihm sehr
bei der Krankenkasse in der Lehr,
seinen Eltern dann zur Ehre,
machte Willi dort Karriere.

Als Simulant in stillen Stunden,
hat ein Placebo schnell erfunden.
Dann sollt er zur Bundeswehr –
sich abzuseilen fiel nicht schwer.

Für Kleidung gab es eine Norm,
es war zu klein die Uniform.
Er würd gern dienen seinem Land,
sprach er zum Stabsarzt, der Simulant.

Wenn er doch besser laufen könnte,
müsst er nicht gar so früh in Rente.
Gefiel's dem Willi nicht besonders,
war er der Ausbund eines Hypochonders.

Doch leider – es war vor drei Wochen
hat Willi sich das Genick gebrochen,
ausgerutscht ist ganz banal,
er auf einer Banane Schal'.

Nun wird vermisst im ganzen Land,
wieder mal ein Simulant.
Der Priester, der Willi gut gekannt,
Mit der Bibel am Grabe stand.

Als er die Trauerrede hielt,
bedacht zum Sarg hinunterschielt',
und sprach im Kreise seiner Lieben:
»Nun hat Willi übertrieben.«

Mit frommem Singen bittet der Chor:
»Oh Herr, nimm auf das große Schlitzohr!«

Die Auferstehung

Am *Tage X – wir werden sehen –,*
werden alle auferstehen,
Dicke, Dünne, Große, Kleine,
Aaron, Ismir, Achmed, Heine.

Manch *ein Ritter, stark und wacker,*
erhebe sich aus Gottes Acker,
auch Burgfräuleinchen Kunigunde,
ist auserkoren in dieser Runde.

Auf *jeden Fall, das ist kein Spiel,*
es werden sein sehr, sehr, sehr viel,
als hätten sie nur eine Nacht geschlafen,
ist ihnen allen, auch den Braven.

Nicht *nur die Braven, auch die Bösen,*
Nörgeler und auch die Unseriösen
zur Kreuzung wandern mit den Schildern,
die teils versehn sind auch mit Bildern.

Willst *zu Buddhas achtem Pfade,*
ab nach China, dreimal links und dann gerade;
möchtest du gerne zum Islam,
frag bei Sunniten und Schiiten an.

Du *bist Hindu, willst nach Indien,*
meide Columbus, der wird's nicht finden,
willst du zum Olymposberg,
musst du rennen wie ein Zwerg.

Nimm die Beine in die Hand,
und dann los nach Griechenland.
Suchest du den Gott der Christen,
geht's dann über viele Pisten.

Nach Bethlehem ist es nicht weit,
du hast viele Jahre Zeit,
deinem Gott, dem eilt es nicht,
mit dem ewigen Gericht.

Hat er doch schon mit Bedacht
mit euch 'ne Menge mitgemacht.
Atheisten nehmt den Trucker,
ihr dürft zurück zum Gottesacker.

Habt ihr abgelehnt mit Hohn und Spott,
zu glauben an den lieben Gott,
sind nun Gottes Ohren Taub:
»Zurück zum Acker, werdet Staub!«

»An die Herren und die Damen,
die mich riefen mit falschen Namen,
ihr habt alle Zeit der Welt,
wundert euch nicht, wenn ihr im nächsten Leben bellt.«

Die der Herr nun auserwählt,
sind sowieso schon abgezählt,
so wünscht Gott dem kleinen Kreise,
eine wunderschöne Reise.

Nun die Moral von der Geschicht:
Du kennst seinen Namen nicht?

Egal

Egal, wie du dich drehst und windest,
egal, wie du dein Leben findest,
egal, ob dünn du bist, ob dick,
egal, wie scharf oder gar trüb dein Blick.

Egal, ob arm du oder reich,
ein harter Knochen oder weich,
ob du ein Riese bist oder klein,
viele Freunde hast oder bist allein.

Egal, ob jung du bist, ob alt,
ein heißer Feger oder kalt,
ob dumm du bist oder schlau,
egal, ob Männlein du, ob Frau.

Egal auch. wenn du krottenhässlich,
mal ein Schlamper, mal verlässlich.
Hauptsache du bleibst gesund,
das stell dir in den Vordergrund.

Irgendwo und irgendwann
sind wir alle einmal dran,
andere, die Leben weiter,
egal dann, ob sie froh, ob heiter.

Egal, wie Menschen von dir denken,
ob sie dir 'ne Note schenken,
ob sie anders dich bewerten,
ob sie dich akzeptieren werden.

***Egal,** ob hetero oder schwul,*
ein Zappelphilipp oder cool.
Auf deinem Grabstein steht in Stahl:
»Hier liegt jemand, dem war's egal.

Dankbarkeit

Kindergarten, Schule, Job,
Hochzeit, Kinder, ala hopp!
Geackert, getan, gemacht und gegeben,
standest deine Frau im Leben.

Warst immer fleißig und stets ehrlich;
auch wenn das Leben oft beschwerlich,
hast nie gemotzt, geflucht, gestöhnt
und stets noch deinen Mann verwöhnt.

Vier Kinder hattest du geboren,
zu früh den lieben Mann verloren;
ob Frühling, Sommer, Herbst und Winter,
warst immer da für deine Kinder.

Hast mit ein paar Mark Witwenrente
gesorgt für die Kinder, kraft deiner Hände,
sie auf den rechten Weg gebracht,
das ist so schnell nicht nachgemacht.

Wolltest selten dich beklagen,
nur manchmal, an ganz miesen Tagen.
Warst stets doch eine starke Frau –
und nun sind deine Haare grau.

Bezahlt fast fünfzig Jahre in die Rente,
abgeschafft und zittrig deine Hände.
Nun bist einsam du und krank,
sitzt traurig im Park auf einer Bank.

Machst dir aufs Leben deinen Reim
und wohnst in einem Altersheim.
Bist vier Mal Mutter, acht Mal Oma,
starrst ins Leere, wie im Koma.

Der Dank für Entbehrung, Opfer, Fleiß:
Du stehst auf einem Abstellgleis;
dein Sinnen gilt der Jugendzeit,
doch fehlt dir die Gerechtigkeit.

Bis dass die Englein bei dir landen,
hast du die Prüfung längst bestanden,
vielleicht wartet am Himmelstor
der liebe Mann schon lang davor.

Du bist gegangen, wie das so ist,
auf einmal wirst von allen sehr vermisst;
da ist doch irgendwas verkehrt,
wenn jetzt erst kennt man deinen Wert.

Der Herr hat's gegeben, der Herr hat's genommen,
doch die Dankbarkeit ist bei dir nicht angekommen.

Arm und Reich

Durch des Zufalls Schwingen, des Schicksals Hand,
wurdest du geboren in einem Land,
wo's viel Steine gab und heißen Sand,
wenig Wasser, kargen Bestand.

Du hörst, wie deine Eltern stöhnen,
daran wirst du dich gewöhnen,
die Hütte aus Lehm, das Dach aus Stroh,
als Haustier ein alter Esel, auch nicht sehr froh.

Durst und Hunger die Begleiter,
so sollt es sein für dich dann, leider;
weit entfernt die letzte Wasserstelle,
dann bist du arm auf alle Fälle.

Jedoch, wenn fruchtbar ist das Land und grün,
so dass es lohnt sich zu bemühn,
bist per Zufall da geboren,
weich sind deine Kissen unter den Ohren.

Deine Eltern lachen, singen,
wenn sie dich zur Schule bringen,
dein Haus steht auf festem Stein,
wie es für jeden sollte sein.

Ein paar Kühe stehen auch im Stall,
gefüllt das Euter, dick und prall.
Es kräht ein Hahn auch auf dem Mist,
kann sein, dass du dann glücklich bist.

Somit stellt sich der Vergleich:
Mein liebes Kind, was bist du reich.

Arm und Reich

Doch wenn des genügsamen Lebens Ringen,
einen Umkehrwert könnte vollbringen,
zwischen Steinen, auf trockenem Boden das arme Kind
ein klitzekleines Blümchen am Wegesrand find't.

Sich an seiner Pracht erfreut
und birgt es in Zufriedenheit,
auch wenn das Wasser rar, gar knapp,
gibt es dieser Schönheit etwas ab.

Und blicket in die Zukunft stolz,
mit Frohsinn, hat kein Herz aus Holz,
es ist gesund und wird geliebt,
weil es das Wenige noch gibt.

Vermessen klinget es und weich:
Irgendwie ist das Kind reich.

Doch was spricht für den Gegensatz,
ist üppig Leben ein Ersatz,
wenn ein Kind doch schon beim Spiel,
der Sachen hat dafür zu viel?

Ein Mittagessen nicht mehr schätzt,
vielleicht, weil man's ihm aufgeschwätzt;
die Kuh im Stall nicht imponiert,
weil's sich fürs Vieh nicht interessiert.

Auch die Sorge macht sich breit,
weil öfter die Eltern sind im Streit,
grad weil ihm ist zu viel beschieden,
bleibt es dennoch unzufrieden.

Schau es dir genauer an:
Dieses Kind ist ärmer dran,
will ich sagen ohne Charme,
dieses Kind ist für mich arm.

Der Stubenhocker

Mensch, Junge, mache dich mal locker,
zu Hause allein auf deinem Hocker,
schau aus dem Fenster, wenn's gefällt,
denn da draussen spielt die Welt.

Hockst ganz allein in deiner Stube,
versteckst dich da wie in der Grube,
sei doch ehrlich, armer Tropf,
dir fällt die Decke auf den Kopf.

Bist ganz allein in deinem Zimmer,
willst da drinnen bleiben immer –
obwohl da draussen dreht sich die Welt –,
angeblich, weil es dir gefällt.

Schaffe selbst dir die Erkenntnis,
befrei dich schnell aus dem Gefängnis,
dem Leben ist es einerlei,
es zieht an dir im Flug vorbei.

Traust du dich einmal aus dem Haus,
ist dein Leben nicht gleich aus,
nein, du hast es neu begonnen,
im Prinzip dazugewonnen.

Selbst wenn du keine Freunde findest,
an die du dich ein Leben lang bindest,
wirst du empfinden Freude pur
und sehn, wie schön doch die Natur.

Ja, das wäre doch gelacht,
wenn wir Menschen nur gemacht,
um in einer Stube rumzuhocken,
um die Freiheit abzublocken.

Wer mag dieses Männlein sein

Unter einer alten Linde
saß ein Männlein auf der Rinde;
der Bart war lang, das Haar schneeweiss,
rein vom Optischen wohl ein Greis.

So schnitzte er in ein Stück Holz,
die Initialen ziemlich stolz,
da knackte ein Zweig ganz nah im Wald,
es stampfte ein Mütterlein heraus, das alt.

Auf ihrem Rücken trug die Frau ein großes Bündel Reisig,
die Dame war mit Sicherheit ein wenig über dreißig,
sie grüßte das Männlein freundlich, als sie näher kam ein Stück,
worauf dies weise Männlein gab den Gruß nickend zurück.

»Ach ja, mein geplagtes Kreuz«, klagte das alte Mütterlein,
»was tun denn sie hier so allein?«
Sie fragte und legte ihr Bündel nieder,
streckte schmerzverzerrt die müden Glieder.

Aerobicmäßig kreiste ihr Rumpf,
sie setzte sich auf des Baumes Stumpf,
dann holte sie aus einem andern Bündel,
eine Flasche Tee und Brot, ein Pfündel.

»Was soll die Eile, soll die Hast,
ich mache nun ne kleine Rast.«
Sie bat den Alten um sein Messer,
das Brot zu teilen, ging so besser.

Wie *das so ist bei vielen Frauen, die Alte erzählte, erzählte, erzählte,*
was in ihrem Leben vorgekommen und wie sie sich quälte,
der alte Mann hörte innig zu und schenkte der Frau Gehör,
sie teilten Brot und auch den Tee, bis die Flasche leer.

Dann *lud die Frau ihr Bündel auf,*
winkte dem Männlein noch zuhauf,
ging wieder ihrer Wege,
sie fühlte sich nicht mehr träge.

Die *alte Frau war voll entzückt,*
obwohl das Männlein nur genickt,
so oft die Alte vorbei kam an diesem schönen Lindenbaum,
blieb sie stehn, hat nicht gewusst, war's Wahrheit oder
Traum.

Doch *als sie starb nach vielen Jahren,*
sollte sie die Wahrheit doch erfahren;
Sie klingelte an der Himmelspforte,
es öffnete ihr das Männlein ohne Worte.

Nun *sprach das Männlein: »Komm herein,*
zu Brot und Tee lad ich dich ein.«
Die Moral von der Geschicht:
Wer das Männlein war, verrat ich nicht.

Du *willst es wissen, na, dann finde*
unterm Lindenbaum die Rinde.

Teuro

Es war einmal, das wissen viele,
da gab es 'ne Währung, eine sehr stabile,
die DM-Zeiten waren toll,
da war der Beutel manchmal voll.

Uns Menschen ging's zum Teil noch wohl,
das sah man an dem Beispiel Kohl.
Dann klagten Banken: »Die Schwankungen sind zu gefährlich,
wir machen unsere Nachbarländer ehrlich.«

Kanzler Dickbauch spuckte große Töne,
mehr Urlaub gäb's und hohe Löhne,
der Helmut hat's doch nur gut gemeint,
hat er doch endlich uns vereint.

Hat zugequasselt, volle Dröhnung,
der Teuro sei doch jetzt die Krönung,
die Wirtschaft müsse expandieren,
das Auftragsbuch voll explodieren.

Das Rad des Aufschwungs drehe weiter,
wir bräuchten wieder Gastarbeiter.
»Ihr Arbeitslosen, sagt dem Teuro Dank,
holt euren Blaumann aus dem Schrank.«

Selbst Renten würden wieder wachsen,
auf dass Blümchen schwinge seine Haxen.
Laut erschallte sein Gekicher,
denn seine Rente, die war sicher.

Doch kaum dass dieser Teuro in der Wiege,
macht Helmut schnell die Fliege,
hat auf der Flucht vor Freud geweint,
weil er Deutschland mit vereint.

Teuro

Kanzler Schröder löste ihn ab,
ein andrer Narr trug nun die Kapp.
Was zwei, ward eins, was acht, ward vier:
»So, kleiner Mann, nun ab dafür!«

Als in den Laden er gegangen,
sah er die Schilder mit den alten Preisen hangen:
Kaum war die DM übern Teich,
Ruck, zuck! warn auch die Preise gleich.

Hauptsache ist, die Kasse lacht,
wenn sie so Gewinne macht,
dafür gab's dann die Erklärung,
geändert habe nur die Währung.

Selbst der Bettler nah der Brücke,
erkannte schnell des Teuros Lücke:
»Hab doch Mitleid nur ein Stückel,
gib mir bitte nur einen Zwickel.«

Selbst der Türke mit Obst und Gemüs,
vom Teuro sich nicht täuschen ließ,
streicht nur DM still und leise,
und schreibt mit Euro an die Preise.

»**Was** kuckst du«, sprach der Türke stolz,
»glaubst du, hab ich Kopf aus Holz?
Mehr ist besser ohne Zweifel,
verdien ich doppelt, weiß der Deiwel.

Wenn *ich das Komma noch verrütsch,*
mach ich aus dem iki ütsch,
mach ich Teuro volle Kanne,
und schön dick wird meine Anne.«

Teuro

Ich fühle mich in Deutschland wohl,
ein dreifach Hoch dem dicken Kohl!
Hab ich noch ein bisschen Glück,
wird mein Kohl genau so dick.

Doch von Hamburg bis nach Reutel,
ist nur die Hälfte noch im Beutel,
selbst den Gürtel schnallt man enger,
und der Hals wird immer länger.

Da fielen Opa und auch Oma
bei diesen Preisen gleich ins Koma,
sie fragen sich: »Wann kommt die Wende,
ab wann gibt's vierzehntägig Rente?«

Der Fiskus hat sich nicht beschwert,
was teuer ist, hat auch mehr Wert,
nicht so, dass ihm der Zustand Schnuppe,
ist doch mehr Fett in seiner Suppe.

Wenn Paritäten bleiben gediegen,
sind auch die Banken voll zufrieden;
das Volk steht da wie Elends Häufel,
weil seine Kaufkraft nun beim Teufel.

Teuro

Die Versprechen von Helmut dem Großen –
hinweg mit diesen Arbeitslosen
und von Aufschwung im Wirtschaftsgefüge –
waren wieder einmal mehr nur Lüge.

Hat uns wohl noch ausgelacht,
bevor die Flatter er gemacht.
Hatte er jemals die Fäden in der Hand
oder war er noch nicht mal Flaschenpfand?

Worauf sich alle Banken,
schön bei ihm bedanken,
nicht allein mit Händedruck,
wenn ich den Umfang so beguck.

Wann wird Deutschland endlich schlau,
hat es gewartet auf die Frau,
ist Angela auch wirklich stark,
bringt sie zurück die gute Mark?

Hat sie den Arbeitslosendaumen,
besser als zuvor die Pflaumen?
Verbessert sie den Stand Hartz vier,
dann trinken wir auf sie ein Bier.

Oder bleibt der ganze Mist
gerade so, wie 's jetzt schon ist,
nach dem Motto: kein Gewimmer,
Hauptsache, es wird nicht schlimmer?

Die Moral von der Geschicht:
Sucht sie selbst, ich find sie nicht.
Kleine Frau und kleiner Mann,
bezahlt die Rechnung, so man kann.

Die Zeit

Freizeit ist doch wunderbar,
die Sonne scheint, der Himmel klar,
wenn doch so das Wetter schön,
kann man ja spazieren gehn.

Sich erfreun an der Natur,
von Eile ist da nicht die Spur,
schaun die Felder und die Wiesen,
sehn, wie Bächlein fließen, Blümchen sprießen.

Wenn du geküsst wirst von der Muse
oder besser noch von Suse,
tut's einem in der Seele leid,
wenn dann verrinnt so schnell die Zeit.

Solch ein Tag vergeht im Flug,
ist für uns Menschen ein Betrug,
denn schaut man im Geschäft auf die Uhr,
dreht sich der Zeiger langsam nur.

Faul und matt, träg und fett,
steht meist der Zeiger wie ein Brett,
doch dann wieder in den Pausen,
beginnt das freche Ding zu sausen.

Kann sein, sag ich ganz ungeniert,
der Chef den Zeiger präpariert;
fehlt schon beim Lohn ein Stück,
stellt der Kerl auch noch die Uhr zurück,

Zum Glück gibt es das Schlitzohr,
das dreht den Zeiger wieder vor,
dann gibt es noch die Zeit vor uns,
für Willi, Berta, Hinz und Kunz.

So ist das Leben, liebe Leute,
es gibt auch eine Zeit der Freude;
auch nicht gebremst durch eine Mauer
beharrlich ist die Zeit der Trauer.

Die einen sind fromm, die anderen lügen,
doch lässt die Zeit sich nicht betrügen,
für jeden ist's mal an der Zeit,
auch wenn's jetzt scheint, dass es noch weit.

Zwei Leidgenossen

Eines Tages hier im Park
schlug das Schicksal zu sehr stark,
ziemlich schwach und wohl auch krank
saß ein Mann hier auf der Bank.

Um sich herum die Plastiktaschen
mit halb vollen und leeren Flaschen,
er wirkte müde doch zufrieden
mit dem Inhalt seiner Tüten.

Da stolpert ihm plötzlich in die Quer
ein alter Mann, gleich so wie er,
setzt sich stöhnend auf die Bank hernieder
unter starken Schmerzen seiner Glieder.

Die beiden warn etwa im gleichen Alter,
es blies ein Wind, ein schon sehr kalter,
der Herr, der vorher schon war da,
hatt' nun Gesellschaft, wie man sah.

Es beugt der Neue lässig vor sich und zurück
und würdigt den Nachbarn mit spöttischem Blick,
er runzelt kummervoll die Stirn,
weil Fragen ziehen durch sein Hirn.

»**Was** hat der Kerl wohl in der Tasche,
etwas zu essen, eine Flasche?«
Da saßen nun der Männer zwei
und taten grad so einerlei.

Dass einer schon zu viel,
war beiden im Gefühl,
»Ach ja«, seufzet der eine tief aus dem Gemüte
und greift in seine Plastiktüte.

Viel Lärm in der Stadt, hektisch das Land,
die Flasche Rotwein in der Hand:
Mit den letzten Zähnen er die Bottle entkorkt,
mit mächtigen Schlücken den Rotwein entsorgt.

Ein lauter Rülpser, der musste sein,
dann packt er die Flasche flugs wieder ein,
ihm hat auch keiner einen Schluck angeboten,
wenn gezittert haben ganz toll seine Pfoten.

Erst kommt die Hose und dann das Hemd,
wo kriegt Otto den Stoff her, wenn 's bei ihm einmal
klemmt?
Da greift der Nachbar auch in sein Bündel,
holt Wurst und Brot raus, ein ganzes Pfündel.

Ein praller Ring mit Leberwurst,
doch leider nichts für seinen Durst:
Er streicht sich das Brot mit einem Taschenmesser,
spricht höhnisch zum andern, es kommt immer besser:

»Wer so früh trinkt den roten Wein,
wird bald am Tag gehn ein.«
Da wallt des alten Ottos Blut,
empört trifft er die Wortwahl gut.

»**Wer** nur lebt von Leberwurst und Brot,
ist meist früh wegen Fettsucht tot.«
»*Das kann schon sein*«, sprach dann der Kurt,
»doch hat mein Magen nie geknurrt.«

Es maulten beide vor sich hin,
bis dass die Sonne etwas schien,
und wie durch ein Wunder, was soll man sagen,
haben Kurt und Otto sich vertragen.

So fingen an die beiden Alten
ganz lebhaft sich zu unterhalten,
dem einen ward des andern Schmaus,
sie tauschten Wein und Wurstbrot aus.

Kurt trank des Ottos roten Wein,
und Otto zog die Wurst sich rein.
Dies Bild erweckte fast den Schimmer,
dass die zwei Freunde warn schon immer.

Zuerst begann der Otto zu erzählen,
wie er sich musst durchs Leben quälen:
»Fünfunddreißig Jahr hab ich geschafft,
war nie im Urlaub, hab nix gerafft.

Als ich dann anfing zu viel zu saufen,
ist mir die Emma weggelaufen,
meine Emma Scheibenkleister,
durchgebrannt mit meinem Meister.

Dieser war auch noch mein Boss,
ein Riesenarschloch hoch zu Ross.
Und als die Not dann richtig groß,
war ich auf einmal arbeitslos.

So ein Drecksack ohne Gewissen,
hat mich einfach rausgeschmissen,
die paar Mark Arbeitslosengeld,
waren auch nicht voll die Welt.

Danach dann nur noch wenig Stütze,
war wie im Ozean die Pfütze.
Das Sozialamt sagt mir: „Falt die Hände,
in ein zwei Jahren gibt es Rente.

Wenn bis dahin, so wir hoffen,
die Kuttel noch nicht abgesoffen
und du schön fleißig weiter klebst,
falls du dann überhaupt noch lebst.“

Die solln mich doch alle verschonen,
ich mach mir keine Illusionen,
so leb ich in den Tag hinein
und lasse fünfe grade sein.«

»Hör mir doch auf mit dem Gejammer,
als kämst du aus der Folterkammer,
wie auch immer und außerdem,
ist da ein Fehler im System.

Ich war dreißig Jahr lang Unternehmer,
ein knochenharter, kein bequemer,
niemals hat dem alten Kurt
etwas gefehlt, schon von Geburt.

Will sagen, ich hab gut gelebt,
aber leider kaum geklebt,
hätt ich mal, säß ich nicht krank
hier mit dir auf dieser Bank.

Leb zur Zeit ich nur von Spende,
wahrscheinlich seh ich niemals Rente,
da gibt es nicht viel zu verzetteln,
den Rest des Lebens geh ich betteln.

Bei meiner Emma ging's mir gleich,
sie war nur bei mir, als ich noch reich,
sie war einem meiner Leute weggelaufen,
als der anfing so wie du zu saufen.

Doch als ich dann war letztlich Pleite,
suchte Emma schnell das Weite,«
Kurt und Otto erzählten immer fort,
das eine gab das andere Wort.

So vergingen viele Stunden,
da Sinnesbrüder sich gefunden,
sie aßen und sie tranken fleißig,
doch merkten nicht den Wind, der eisig

Und dann sind diese beiden Braven
auf dieser Bank halt eingeschlafen.
Und siehe da, am nächsten Morgen
waren sie beide ohne Sorgen.

Nicht nur das bitterkalt die Ohren,
Kurt und Otto warn erfroren,
saßen lächelnd friedsam auf der Bank,
als wollten sie sagen: »Emma hab Dank.«

So ist das Leben, die Erde geborgt,
Otto und Kurt, die werden entsorgt.

Der Streber

Emsig wie ein Weberknecht,
meist gefräßig wie ein Hecht,
bücklingbereit beim Arbeitgeber,
solche Leute nennt man Streber.

Alle Zeit ist er bereit,
schon lange vor der Arbeitszeit;
hat der Boss mit seinem Auto einen Platten,
sieht man schlängeln sich den Aal, den glatten.

Schon in der Hand den Wagenheber:
»Was für ein Zufall«, sagt der Streber.
Schon möglich, dass der Strebersknochen
dem Chef den Reifen selbst zerstochen.

Nachdem gewechselt er das Rad,
steht er zum Folgeschleim parat,
muss wie immer übertreiben,
reinigt selbstlos noch die Scheiben.

Dann zieht er noch vom Kopf die Mütze,
verbeugt sich bis zur Wasserpfütze,
doch vor allem merkt er nie
den Übergang zur Byzanterie.

Und wie der Chef dann steiget ein,
ist noch gebeugt das Streberlein,
merkt erst später, nur nicht gleich,
dass ihn der Alte angefurzt, warm und weich.

Ja, so ein Streber kennt keine Schmach,
der ruft dem Chef noch strahlend nach:
»Gute Fahrt, wir sehn uns morgen,
fahrn sie vorsichtig, ich mach mir Sorgen.«

Hat der Boss was auf der Leber,
merkt meistens dies zuerst der Streber.
Würd nur das Köpfchen nicht so riechen
von diesem ständigen Arschkriechen.

Kommt dadurch ein Streber mal beruflich weiter,
hat er sicher keine Neider;
wenn einer schleimt mit Zähigkeit,
fehlt sicher ihm die Fähigkeit.

Wenn einer fleißig ist und hat was drauf,
steigt er auch ohne zu streben auf.
In letzter Zeit ganz kurios,
sind auch Streber arbeitslos.

Das liegt wohl daran, dass Firmen, die meisten,
sich einen Schleimer nicht mehr leisten,
denn er behindert stark die Gruppe,
spuckt er doch ständig in die Suppe.

Das Unverzichtbare

Leicht wie der Hauch von Blumenduft,
die Rose weilt zum Pflücken;
Atmen bedarf der Luft,
sonst würde man ersticken.

Jede Kreatur muss sich bewähren,
bedarf des Wachens, braucht den Schlaf,
will sie im Leben sich ernähren,
ist sie Tier, gar Bettler oder Graf.

Es bedarf des Fleißes, schön bienenhaft,
ein Tiger jagt die Meute;
und wenn der Erdenbürger schafft,
so findet er die Freude.

Wohl dem, der seinen Partner findet,
er bleib ihm treu sein Leben!
Erfährt er Freundschaft, Liebe, die ihn bindet,
so darf er sie auch wiedergeben.

Ist einst bedeckt dein Bett mit der Erde Haube,
zählt, da von der Wiege bis zur Bahre
ist unverzichtbar nur der Glaube,
bei Gott allein das Wahre.

Du bist Deutschland

Du bist Deutschland, ohne Scherz,
sag es klar, fromm, fröhlich, frei,
kein Vorurteil belege dein Herz,
wer auch dein Nächster sei.

Vor keiner Arbeit hast du Scheu;
selbst wenn du keine hast,
bleibst du dem Grundsatz treu
und greifst auch zu, wenn's passt.

Du schwenkst die Fahne für dein Land,
auch wenn das Spiel verloren;
Fairness ist stets dein Unterpfand,
selbst wenn das eigne Netz voll Toren.

Geht's dir mal gut, gibst einen aus,
in irgendeiner Kneipe,
lebst auch nicht grad in Saus und Braus,
daheim in deiner Bleibe.

Was ungerecht, ist dir zuwider,
nicht nur, wenn's Schwache trifft,
in solchen Dingen bist du bieder,
denn feige sein, ist für dich Gift.

Selbst dann, wenn groß in deinem Pass
ein anderes Land drinsteht,
denn auf dich ist stets Verlass,
egal, um was es geht.

So reichen alle dir die Hand
und wollen Freund dir sein,
's ist sekundär aus welchem Land,
du passt zu uns hinein.

Dann musst du auch nicht Deutschland sein,
gemäß dem Spruch der Reichen,
bist optimal und nicht der Schein
von Bertelsmann und seinesgleichen.

Die unsichtbare Brücke

Arm das Land, schwach die Politik,
so war es in der Weimarer Republik;
weil nicht stark genug das Land,
nahm ein Tyrann das Zepter in die Hand.

Nationalsozialismus hieß die Masche,
stieg einer wie Phönix aus der Asche,
hat Deutschland und die halbe Welt
einfach auf den Kopf gestellt.

Dann hat der Schurke noch betrogen,
sich der Strafe selbst entzogen.
Einst zwang er Völker ihn zu grüßen,
doch Deutschland musste dafür büßen.

Stolz erhob den Siegeskranz
die Viermächteallianz.
Kaum dass sie ins Land gezogen,
warn sie einander nicht gewogen.

Nicht nur das Land in Schutt und Fransen,
nun auch Prellbock noch der Diskrepanzen,
die Folge musste man nicht suchen:
vier Teile gab der deutsche Kuchen.

Der Weltenmächte gab es zwei,
die anderen warn auch dabei.
Wie wohl die Zukunft wird von diesem Land,
von wem gesteuert, in welcher Hand?

Ohne dem Osten zu geben 'ne Erklärung,
ändert der Westen provokativ die Währung,
worauf der Osten, ziemlich sauer,
schmiedete den Plan der Mauer.

Mal nur zum Training, ohne Gnade
gleich die Westberliner Barrikade,
der Ostfrust musste raus,
so gingen im Westen die Lichter aus.

Dann kam die Suppe erst zum kochen,
auf dem Rücken deutscher Knochen;
viel Steine gab's und wenig Brot:
Das deutsche Land in Hungersnot.

Lucius D. Clay, der fand es schade,
wollt erst durchbrechen die Blockade,
doch wenn Gewalt führte zum Sieg,
dann sicherlich nicht ohne Krieg.

Pokerface Westen zeigt es dem Schuft,
baut eine Brücke in der Luft;
ist breit genug der Korridor,
führt man den Osten einfach vor.

Gibt es politisch Differenzen,
schließt der Osten schnell die Grenzen,
und der Westen stellt sich vor,
er könnt als Sieger gehn hervor.

Wo denn, bitte, bleibt der Sieg,
wenn dann doch der kalte Krieg?
Ob Marschallplan, ob Morgentau,
des Nachts sind alle Katzen grau.

Lucius hat es gepackt,
lässt starten im Dreiminutentakt;
Güter, Mittel nie genügen,
mit Rosinenbomberflügen.

Zweihunderttausend an der Zahl,
eineinhalb Millionen Tonnen mindern die Qual,
und das Ganze dauert fast ein Jahr,
eine tolle Leistung, ist wohl wahr.

Doch was nützt die Heldentat,
wenn draufhin getrennt der Staat?
So logiert der Zorn vom Osten
leider auf des Deutschen Kosten.

Der Sowjet sprach dann: » Ich bedauer'!«,
schon lag der Grundstein für die Mauer,
die USA hat's gut gemeint,
irgendwann wird wiedervereint.

Friedrich Ebert grüßt von Osten,
Kollege Reuter auf seinem Posten;
bevor der Wind sich nicht gedreht,
weiß keiner Recht, wie's weitergeht.

Arten von Brücken gibt es viele,
wenn auch zum Teil nur ideell,
unterschiedlich sind die Ziele,
wenn's soweit ist, weiß man es schnell.

Hätt rausgehalten sich der Westen,
was wär dann wohl mit uns passiert?
Auf keinen Fall durft man das testen,
weil dann der Russ wär einmarschiert.

Drum lasst nicht zu, dass auf der Erde,
ein Tyrann mit Zepter steht,
denn wenn zu spät kommt die Beschwerde,
die Welt dann falsch herum sich dreht.

Vielleicht gibt es dann auch die Brücke
unsichtbar zum roten Mars,
möglich auch, dass durch 'ne Lücke
der Mensch dann sagen muss: »Das war's.«

Nein, ich bin nicht Deutschland

Warum soll ich denn Deutschland sein?
Ich bin ein deutscher Bürger;
hat Bertelsmann einen dicken Hals,
spiel ich doch nicht den Würger.

Wenn Benedikt am Fenster predigt
in dem Gewande flott,
voll Würde seine Rede tätigt,
ist's nicht der liebe Gott.

Selbst wenn ich auf dem Watzmann stehe
und lasse einen fahren,
kommt kein Tsunami und kein Sturm,
nicht mal in hundert Jahren.

Kampagnen für dreißig Millionen
gehen mir am Arsch vorbei,
solln sie Günther Jauch doch klonen,
für Geld nimmt der sich frei.

Wenn Kahn den Ball holt aus dem Netz,
weil Schatten fing die Hand,
pass auf, wie er die Zähne wetzt,
nennst du ihn Deutsches Land.

Wenn Deutschlands Hymne laut erklingt
im Fußballstadion,
kaum ein Star die Zunge schwingt,
wer kennt den Text denn schon.

*»**Ich** kann mein Land nicht behandeln wie den letzten Dreck«,*
sagt der Kerner Baptist.
Wie kann ein Land sein Kumpel sein?
Nur: weil das Schwachsinn ist.

***Wenn** er im Kopf 'nen Schalter hätt (statt ein Leck),*
so sprach der Günther Jauch,
so hinge er sich richtig rein,
mit der Million im Bauch.

***Was sich** in den Köpfen festgesetzt,*
wär endlich zu entfernen,
soll Wickert doch in Rente jetzt,
Solidarität erlernen.

***Wenn** dann auch noch ein Harald Schmidt,*
scheinbar der Coolste der Nation,
den Kanzler und den Papst vertritt,
schnell wechsle er den Thron.

***Und** wenn die Leute freudig sind,*
dann können sie mehr leisten –
nachgeplappert von Pocher (selbt noch ein Kind),
will sich für Geld erdreisten.

***Zu** oft hat sich ein dummer Spruch*
für den Initiator schon rentiert,
wenn man sich aufregt und drüber spricht,
ist schnell er zementiert.

Genau wie bei der Werbung: Wiederholung heißt das Spiel,
die irgendwann auch greift,
selbst wenn's nur Schrott ist, taugt nicht viel,
sitzt's im Bewusstsien drin und reift.

Doch wenn Zynismus zieht durch's Land,
wird das vom Volk bedauert,
auch wenn's von Ironie gebannt,
die Dummheit untermauert.

Ich hoffe nur, dass niemand grollt,
wie im Franzosen-Land,
wenn hier und da ein Köpfchen rollt,
wer hat's schon in der Hand.

Wie wäre es, wenn mal die Reichen,
in diesem unsrem Land,
durch Arbeitsplätze setzten Zeichen,
mit ihrem Geld und dem Verstand.

»*Einigkeit* und Recht und«: Gleichheit
wär kein schlechtes Unterpfand,
vielleicht erlebt ihr dann die Freiheit,
die ihr bisher nicht gekannt.

Wenn dann gleiches Recht für alle,
brüderlich und ungestört,
singt auch die Emma und der Kalle
so laut, dass Bertelsmann was hört.

Deutsche Arme, deutsche Reiche,
deutscher Wein und deutscher Sang,
auf allen Ebenen das Gleiche
und halte an ein Leben lang.

Dann kannst mir den Namen Deutschland geben,
»über alles in der Welt ...
von der Maas bis an die Memel« eben,
wenn's sein muss, bis zum Himmelszelt.

Nichtraucher/-in aus Überzeugung

Festgemauert tief im Kopfe
zieht in Schwaden grauer Rauch:
Pack die Entschlossenheit am Schopfe,
zu vermeiden den Gebrauch.

Auch wenn's stark ist, das Verlangen,
wird's von vielen noch forciert,
unzählig waren doch die Stangen,
doch zum Glück dir's nicht passiert.

Willst stetig du den Rauch vermeiden,
heißt's Zauberwort Kontinuität;
wenn starke Willenskräfte dich begleiten,
dann ist es auch noch nicht zu spät.

Unbändig sind des Lasters Schranken,
ungezähmt und nicht bewacht,
doch wird es dir dein Körper danken,
dass du den Tabak ausgelacht.

Goodbye Jessie

Nachruf für eine liebe treue Schäferhündin

Vor acht Jahren haben Alex und Brit
dir ein neues Zuhause gegeben,
mit gemischten Gefühlen gingst du mit,
worauf ein neuer Abschnitt begann in unserm Leben.

Deine Erfahrungen mit Menschen waren bis dahin nur
schlecht,
verwaist hatte man dich durch Trennung zurückgelassen.
Brit und Alex verhalfen dir zu deinem Recht,
nun musstest du die Menschen nicht mehr hassen.

Die beiden waren für dich stets das Glück,
sie linderten, so gut es ging, deine Schmerzen,
die Würde des Hundes gaben sie dir zurück,
schlossen liebevoll dich in ihre Herzen.

Dann hast du Lawrence, deinen Schäferhund-Artgenos-
sen,
der einst an einem Parkplatz verwaist und angebunden,
in dein treues Herz geschlossen,
gezeigt wo es lang geht in unzähligen Stunden.

Sie hatten sich ihrer Tränen nicht geschämt,
als deine Krankheit unheilbar fortgeschritten,
was zurückblieb, war Jessie, total gelähmt,
hast furchtbare Qualen erlitten.

Sie mussten erlösen dich von diesen Schmerzen,
so schwer der Entschluss fiel Alex und Brit,
dein Platz ist ewig in ihren Herzen,
in ihren Gedanken schwingst immer du mit.

Acht Jahre war'n euch gemeinsam beschert,
viel schöne Zeiten waren dabei,
und Lawrence von deiner Erinnerung zehrt,
doch du bist von Schmerzen nun frei.

Du bist nicht mehr bei uns, sehr groß ist die Lücke,
wir werden vermissen mit dir die schöne Zeit,
es führt' dich dein Weg über die Regenbogenbrücke,
doch hatt' auch ein Ende das quälende Leid.

Jessie sagt Danke zu Alex und Brit,
sie wünscht euch das Beste und alles Glück,
auch wenn ihr von jetzt an nur noch zu dritt,
sie durft euch begleiten acht Jahre ein Stück.

Doch gibt es den Himmel für Mensch und auch Tier:
So sind Alex wie Brit und Lawrence der Hund
wieder zusammen eines Tages mit dir,
dann gibst du uns wieder Küsschen und bist ganz gesund.

Die Zeit wird verrinnen,
die Liebe bleibt bestehn:
Goodbye Jessie,
auf Wiedersehn!

Adebar und der Breitmaulfrosch

»*Adebar*«, klappert die Frau vom Storche,
»*nach einem Breitmaulfrosch steht mir der Sinn!*«
Der Storchenmann denkt: »*Ich gehorche.*«,
zieht in die Jagd dahin.

Über Wiesen lautlos muss er schreiten,
durchstreift das Gras mit feuchtem Tau,
einen dicken Frosch mit Maule breitem
wünscht sich daheim die liebe Frau.

Ja – klapper! – was sitzt denn da auf einem Stein,
fangbereit für des Jägers große Klapper,
das könnt ja so ein Fröschlein sein,
mit seiner Breitgrinsschlapper.

»*He, du da, auf dem Wackerstein,*
was bist du?«, *fragt der stolze Schreiter.*
Der Breitmaulfrosch macht sich ganz klein:
»*Ich bin gar nichts, lieber Storch, ach, zieh doch bitte*
weiter.«

Beinahe wär dem Breitmaulfrosch die große List gelungen,
der Storch ist schon vorbei stolziert,
hätt das dumme Fröschlein nicht vor Freud »*quak,*
quak!« *zu laut gesungen.*
Zu spät gemerkt, nun ist's passiert.

*Der Jäger schlägt schnell zu, macht mit dem großen
Schnabel Beute,
versprochen war der Störchin stark
ein leckres Mahl noch heute –,
das Fröschlein sagt sein letztes »Quak!«.*

*So dient nun ein Breitmaulfrosch, der nicht besonders
Weise,
sehr schnell mit seinem Vitaminwert
Frau Störchin flugs zur Speise,
weil gern sie ihn verzehrt.*

*Der Moral nun auf der Spur:
Wenn du schon quakst, quak leise,
genau so will es die Natur,
sonst dienst du wem als Speise.*

*Doch du vor allem, Fröschlein, horch,
gib Acht, sonst kommt der nächste Storch!*

Das kleine Nachtgebet

Ich lege stets spät in der Nacht
mein müdes Haupt hernieder;
ist mein reichlich Tagewerk vollbracht,
dann schmerzen meine Glieder.

Bevor ein Mensch, der redlich, brav,
wie's gemäß ist deinem Bilde,
fällt in den wohlverdienten Schlaf,
hat er ein Wort für dich im Schilde.

»Ich wünsche mir die heile Welt,
nicht Waffen, keinen Krieg,
doch Frieden unterm Himmelszelt,
die Liebe sei des Herzens Sieg.

Den Neid entferne und die Gier,
ohne Hunger keine Not,
Bescheidenheit soll sein die Zier,
für alle gleich viel Brot.

Auf dass in Asien Pingpong, der Opa
(es ist auch deine dritte Welt)
genau so satt werd wie Oma Berta in Europa,
hast du doch drauf, wenn's dir gefällt.

Wenn alt der Mensch und 's Leben schwer,
wird er dann nicht davongejagt,
in der Familie am besten brummt der Bär,
grad wenn ein Mensch betagt.

Gleichgestellt seien Frau und Mann –
von wegen Frau nur Rippe! –,
ein jeder bringt sich ein, so gut er kann,
so geh es über unsre Lippe.

Löse auf die Bosheit und den Spott,
ein Kind finde auch Gehör,
das wünsche ich, oh, lieber Gott,
ist das für dich zu schwer?

Sind deine Menschen teils auch zu dumm,
bedenke stets, wer sie gemacht,
dann wandle sie doch einfach um,
bevor im Himmel wer drüber lacht.

Nun gib frei den Weg für mich ins Land der Träume,
denn bin ich morgen früh erwacht,
erwart ich keine Schäume
und hoffe stark, die Nachbesserung sei gemacht.

Dass alle Menschen dieser schönen Erden
von oben nicht beschissen werden,
und glücklich sind, in ihrem Rahmen,
in diesem Sinne: gute Nacht und Amen.«

Oma trinkt ein Bier!

Die Oma geht zur Kneipe hin spazieren,
bestellt sich dort ein Bier,
kaum dass sie getrunken hat, schon kommt der Wirt kassie-
ren,
will 2,60 DM haben, sofort von ihr.

Oma greift zum Beutel, der Wirt ist ihr nicht gewogen,
zählt 26 Mal 10-Pfennig-Münzen heraus,
wirft das Geld hinter den Tresen im hohen Bogen,
trinkt leer das Glas in einem Zug und geht ganz schnell
nach Haus.

Der Wirt hat's aufgesammelt,
das viele kleine Geld,
geschimpft und laut gestammelt,
weil ihm das nicht gefällt.

Siehe da, am nächsten Tag, da kommt die Oma wieder,
entschuldigt sich, hat eingesehn,
dass die Tat am Tag zuvor nicht schön,
verspricht, sie tu's nicht mehr, von nun an sei sie bieder.

Erneut bestellt sie sich ein Bier,
legt 5 DM auf den Tisch
und wollt auch gleich bezahlen;
der Wirt will Rache, denkt: »So jetzt hab ich dich!«

Serviert ihr das Bier voll Hass und Grimm
(wenn Blicke töten könnten oder nur verletzen,
das wäre für die Oma schlimm,
dann flögen bei ihr die Fetzen).

Ergreift das Geld und will unbedingt Revanche,
zählt 24 Groschen ab, der bitterböse Bube,
der dumme Wirt in seinem Zorn, denkt nur an seine
Chance
und wirft das schöne kleine Geld hinein in die Wirts-
hausstube.

Oma trinkt in einem Zug das ganze Glas Bier aus.
Doch hat der Wirt die Rechnung gemacht ohne diese
Oma.
Sie legt 20 Pfennig auf den Tisch: »Ein Bier noch bevor
ich geh nach Haus!«
Da fiel der Wirt ins Koma.

Drei Wünsche

Die Nächte lang, die Winter kalt,
da gibt es eine Tierklinik im bayrischen Wald.
Mit Augen wie ein Adler und Ohren wie ein Luchs,
ein Segen für die Tiere: der Oberarzt, ein Fuchs.

Da kamen alle Tiere aus der großen weiten Welt,
er behandelte sie alle und wollte gar kein Geld;
nur eine kleine Schwäche sah man ihm nicht an:
Er sammelte die Gänse, an denen war was dran.

Eines Tages fiel der gute Meister Lampe
beim laden von Ostereiern einfach von der Rampe,
drum fiel ihm das Verladen der Eier ziemlich schwer,
im Wartezimmer saß neben ihm Meister Petz, der Bär.

Der Kodiakbär kam aus Alaska, das fern und bitterkalt,
er war hier zur Erholung, im schönen bayrischen Wald,
gebremst durch Wetterumschwung seine Triebe,
wollt der Bär Östrogene für mannigfaltige Liebe.

Doktor wollt dem starken, fast drei Meter großen Bären,
der 700 Kilo wog, ein Placebo nicht verwehren,
normalerweise ist der Fuchs bemüht, erhielte Hilfe dieser Bär,
in diesem Falle lacht er innerlich, es tangiert ihn peripher.

Doktor Fuchs im weißen Kittel
verschreibt dem Riesen schnell ein Mittel.
»So, Herr Bär, sie gehen gleich nach Westen,
da finden sie die Apotheke schnell und auch am besten.«

»**Komm** her!«, vom Bären vernahm der Haas,
»wir gehen zusammen übers Gras.«
Da tippelte das ungleich Paar durchs Gras und übern Klee;
aus heiterem Himmel erschien des Waldes Fee.

»**Drei** Wünsche hat ein jeder frei,
wählet weise nun ihr zwei.«
»Als erster ich«, brummte der Bär,
das fiel dem Brocken gar nicht schwer.

»**Ich** möcht sein der einzige Bär in diesem großen Wald;
alle Bärenfrauen lieben mich, egal ob jung, ob alt.«
»Deine Sehnsucht sei gestillt!« –
und schwups! war ihm der Wunsch erfüllt.

Der Hase wünschte sich ein Motorrad mit Beiwagen,
auf dass er die Ostereier nicht mehr müsse tragen,
schwuppdiwupp! – die Fee ganz locker –
saß der Hase auf dem Chopper.

Der zweite Wunsch des Bären war schon schwierig,
da Meister Petz ein wenig gierig:
»Mache, Fee, mit Zauberhand,
dass ich der einzige Bär im ganzen Land.

Und alle Bären, die sind weiblich,
sollen begehren mich voll leiblich.«
Bevor sich der große Bär beschwerte,
die Fee ihm auch diesen Wunsch gewährte.

Doch Meister Lampe, dieser Schelm,
wünschte sich einen Motoradhelm.
Drauf ward der Bär total vermessen
von soviel Service unbemessen.

Nach dem Motto:"Wie es euch gefällt!",
der einzige männliche Bär wollt sein auf der ganzen
Welt,
und alle Bärenfrauen
müssten nach ihm schauen.

Auch dieser Wunsch, obwohl fatal,
erfüllte die Fee, ihr war's egal,
doch das gefiel dem Hasen nicht,
er dachte als Tier an seine Pflicht.

So sprach er zu der Fee ganz cool:
»Mein dritter Wunsch: Der Bär sei schwul.«
Aus des Waldes Mitte
erfüllt' die Fee auch diese Bitte.

Und die Moral von der Geschicht:
Will man zuviel, dann klappt es nicht.

Der Adel

Der Himmel blau, die Sonne stark,
treffen sich zwei Hunde hier im Park;
hochnäsig fast, schon tadelig,
sprach einer: »Ich bin adelig.

Werd gut umsorgt, hab meine Boys,
will ich mal raus – nur mit Rolls Royce,
mein Fressen serviert mir Lilo die Zofe,
mein Name ist Waldemar vom Hofe.

Mein Herrchen ist ein feiner Kerl,
vielleicht ist er ja auch ein Earl,
er heißt Fritz, bringt stets mir lose
mein Fressen, nicht aus einer Dose.

Bin nicht sicher, ob er hat blaues Blut,
doch meist behandelt er mich gut;
ob er bürgerlich oder royal,
ist im Prinzip mir scheißegal.

Doch manchmal finde ich, wenn Tadel,
klinge mein Name wie von Adel,
kommt Fritz nach Hause mit seinem Mofa,
nennt er mich „Runter von dem Sofa“.«

Fridolin der Beamte

Fridolin, das ist kein Schaf,
beruflich der Beamte,
braucht unbedingt den Büroschlaf
am Schreibtisch in dem Amte.

Kommt Fridolin dann müd nach Haus,
baut ihn die Gattin stetig auf,
so ruht vom Nichtstun er sich aus
und lässt den Dingen ihren Lauf.

Sie streichelt dem geplagten Fridolin
durchs Haar mit zarter Hand,
teilt mit, der Wasserhahn sei hin,
das Wasser tropfe, stehe schon am Beckenrand.

Weil Fridolin ein grober Klotz,
weist er auf des Berufes Stand,
liest seine Zeitung dem zum Trotz:
»Ja, bin ich Klempner, oder was?« Für so was hat er nicht
die Hand.

Vom Schlaf geschunden, ziemlich matt,
am nächsten Tag kommt heim;
die Frau erzählt dem Manne glatt,
es trübe da der Lampe Schein.

Zwei Birnen durchgebrannt am Lüster,
es sei einfach passiert,
sehr zaghaft ihr Geflüster,
ob er das repariert.

Nun, Fridolin kennt nicht das Maß:
»Verdammt«, tobt er, »das kann nicht sein!
Ja, bin ich Elektriker, oder was?«
Sie trüge wohl der Schein.

Am Tag darauf quietscht noch die Tür
von seiner schönen Wohnung,
der Fridolin tut nichts dafür,
er brauche seine Schonung.

Die Frau frägt vor Verzweiflung schal,
ob er dran finde Spass;
doch wieder ist's ihm scheißegal:
»Ja, bin ich Zimmermann, oder was?«

Am vierten Tag, da seht nur her,
die Tür quietscht nicht, die Lampe scheint;
es tropft kein Wasserhahn,
zu erraten war's nicht schwer,
die Arbeit war getan.

Und freundlich grüßt der Nachbarsmann,
mit seinem Werkzeugkasten,
der Schweiß ihm von der Stirne rann,
wollt Fridolin belasten.

Schnell wollt er wissen von der Frau,
wie sie das wohl entlohnte,
doch ehrlich blieb sie ziemlich schlau,
lebt sie nicht hinter'm Monde.

Zwei Möglichkeiten standen auf der Gattin Liste,
gestand des Beamten Frau ganz ehrlich,
ein Kuchen backen oder steigen in die Kiste,
erklärt sie unbeschwehrlich.

Gleich war die Eifersucht geweckt,
wie hat der Kuchen ihm geschmeckt?
Die Frau lässt wissen ihn voll Grass,
ja, bin ich Bäcker, oder was?

Der Missionar

Ein Missionar im Safari-Look
sucht Schäfchen in der Wüste,
da steht er vor einem Rudel Löwen. »Schluck!«,
der größte sprach, »na siehste.«

Der Missionar, der Ohnmacht nah, hofft, dass es nicht zu
spät,
denkt an den himmlischen Vater,
die Hände geformt zum Stoßgebet,
um seine Rettung bittet er.

»**Mein** Gott, mach diese Bestien fromm,
lass Christen sein die Biester,
dass, wenn ich einmal zu dir komm,
an einem Stück ich bin, als Priester.

Doch als der brave Gottesmann
aus tiefer Ohnmacht aufwacht,
sieht er, was er nicht glauben kann;
das hätt er nie gedacht.

Die Löwen sitzen im Halbkreis um ihn, den Missionar,
ihre Pranken zum Gebet gefaltet, unglaublich, aber
wahr;
der größte Löwe spricht ganz ohne Hast:
»Komm, Herr Jesus, sei unser Gast
und segne, was du uns bescheret hast.«

Die vier Matrosen

Ein reger Verkehr damals, durchaus,
im Kaiser-Wilhelm-Hafen;
Schiffe kommen zurück, sie laufen auch aus,
wenn Hamburgs Bürger noch schlafen.

Der Albert, der Rudolf, Karl und auch Hein
waren gerne Seeleute, sie wollten's auch sein.
So heuerten sie an vor sehr langer Zeit,
auf vier verschiedenen Schiffen, das tat ihnen Leid.

Des Alberts Dampfer befährt kurze Strecken,
alle 4 Wochen sollt er den Hafen der Heimat wieder
entdecken.
Rudolf war Heizer, das ging in die Knochen,
zurück in den Hafen alle 8 Wochen.

Auf jedem Schiff, das dampft und segelt,
ist meistens auch die Heimfahrt geregelt.
Maschinist war der Hein,
sein alter Dampfer kam alle 12 Wochen in den Hamburger Hafen hinein.

Und Seebär Karl, das fand er zum Raufen,
sein Schiff alle 16 Wochen sollt zu Hause einlaufen.
Das fanden die vier Freunde nicht schön,
und jeder befürchtete, das sie sich nie wieder sehn.

Und alle Schiffe, an der Zahl vier,
liefen alle zugleich aus,
anno 1911, am 2. Januar, morgens um vier.
Doch wann sind sie alle gleichzeitig zurück, also gemein-
sam zu Haus?

Denn wenn es so wäre, dass sie gemeinsam zu Hause,
wollten sie durchziehen eine Supersause,
ergo taucht für sie die Frage auf, wann
das Fest des Wiedersehens stattfinden kann?

Damit niemand grüble, sich zu Tode studier,
das Ergebnis ist einfach, die Zeiten stehn hier:
14. September 1910, 4. Dezember 1910, 24. Januar
1911; doch eines ist wichtig:
Von obigen Zeiten ist eine nur richtig.

Die Pädagogin

Die Lehrerin greift sich bei Mathe
den schwächsten Schüler, den sie hatte,
er will grad rutschen untern Sitz,
schon spricht sie an den kleinen Fritz.

»Drei Fasanen sitzen auf der Mauer,
zwei Mal schießt der Jägersmann,
obwohl ich es zu tiefst bedauer'.
noch wieviel Vögel leben dann?«

Unvermittelt spricht Klein-Fritz:
»Na, zwei, da mach ich keinen Witz.«
Die Antwort war partout nicht dumm,
Klein-Fritz erklärt auch gleich, warum.

»Wenn es einmal knallt an einem Ort,
dann fliegen die Fasanen fort,
damit sie leben und sind frei,
bleiben ergo dann noch zwei.«

Voll Achtung von der Pädagogin Sitz
erhält ein dickes Lob der kleine Fritz,
es war mal an der Zeit schon längst:
»Gefällt mir gut die Art, so wie du denkst.«

Fritz taut auf mit Gegenfragen:
»Frau Lehrerin, können sie mir sagen:
In einer Eisdiele, wie ich weiß,
sitzen drei Damen, essen Eis.

Eine leckt ihr Eis, die andere beisst rein, die dritte saugt
es aus.
Welche der drei ist verheiratet und hat einen Mann zu
Haus?«
Blitzschnell sagt die Paukerin:
»Na klar, das ist die Saugerin.«

»**Frau** Lehrerin, das ist ein Ding,
ich sag mal, es ist die mit Ehering;
noch kann ich die Dinge nicht lenken,
doch gefällt mir gut die Art, wie sie so denken.«

Die Erde

Am Horizont des Blickes Drang,
so feuerrot die Glut,
die Erde dreht in gleichem Gang,
das Meer scheint rot wie Blut.

Doch turboschnell – ein Zeitenrest –
bewegt sich der Planet,
so dass es sich vermuten lässt,
wo Helios mit Feuerwagen steht.

Auf dass er vollends eintauch,
in den Ozean der Macht,
die Vögel schweigen, nicht ein Hauch,
herein bricht nun die Nacht.

Wieder ist ein Werk vollbracht,
so regelt es die Zeit;
dann kommt der Tag, es flieht die Nacht,
die Erde stets bereit.

Der Lauf der Elemente findet einen Steg,
abgestimmt mit den Jahreszeiten,
nimmt sinnvoll seinen eignen Weg,
den Menschen zu begleiten.

So ist im Einklang die Natur,
der Schöpfung gebührt der Segen,
die Menschen ziehn die kleinste Spur,
gering, was sie bewegen.

Mag sein, dass schwach sich entwickelt hat
der Mensch, auch seine Meinung,
doch fände 'ne neue Eiszeit statt,
wär er zeitlich nur Erscheinung.

Sei es drum, er passt sich an in seiner großen Zahl;
falls er es nicht wieder besser weiß,
dann scheint der Hoffnung schwacher Strahl
und integriert den Kreis.

Die Perlenhochzeit

Eingeschnitzt in eine Linde
strahlt stolz das Herz der Liebe,
getrotzet manchem Sturmeswinde,
überdauert dreißig Jahre unzähliger Triebe.

Auf der Sehnsucht leisen Sohlen,
der Gefühle zarten Schwingen
das Glück von einst zurückzuholen,
soll die Hammernacht der Nächte bringen.

So reist ein Paar nach dreißig Jahren
in das Hotel voll mit Bedacht,
gleich starke Liebe zu erfahren
wie einst in ihrer Hochzeitsnacht.

Der Mann liegt schon im Bette,
als die Tür vom Bade knackt,
er fiebert um die Wette,
sie tritt ins Zimmer, splitternackt.

»**Mein** Liebster, spricht nun die reife Frau,
was hast du damals dir gedacht –
dein Herz so hämmernd, deine Augen so blau –,
als du mich entjungfert, einst in jener Nacht?«

»**Ach** Liebste, damals war ich noch voll der Lüste,
selbst heut spür ich das Verlangen vibrieren,
nach Aussaugen war mir, so prall deine Brüste,
bei dem Sex mit dir wollt ich den Verstand voll verlieren.«

So weit so gut, doch leider,
frei von der Leber und ungezwungen,
sprach der dumme Mann dann weiter,
das wär ihm auch beides ganz gut gelungen.

Das Vorstellungsgespräch

Nach einer kalten Winternacht
ist Angela schon früh erwacht,
es war ein schöner Dienstagmorgen,
vertreiben sollt er ihre Sorgen.

Viele Bewerbungen hatte sie geschrieben,
alle waren ohne Erfolg geblieben,
dann wollt das Glück ihr gnädig sein,
man lud sie zum Gespräche ein.

Groß die Freud, doch aufgeregt
hat den Kalender sie verlegt;
tief drinnen im Gedächtnis,
sitzt der Zeitpunkt als Vermächtnis.

Dann konnte sie sich wieder freun,
fiel ihr doch der Zeitpunkt ein: um neun,
zwei Tage nach dem Tag vor dem Tag nach morgen,
daraufhin wusste sie Bescheid, ergo keine Sorgen.

Nun drücken wir die Daumen ihr,
dass sie auch zeitig vor der Tür,
ob Mittwoch, Donnerstag, Freitag, das bleibt offen,
wir wollen nur das Beste hoffen.

Farbenblind

Es ist schon ziemlich lange her,
dass Vera Müller schön geträumt am Strand.
Ein muskulöser Mann schwamm mit der Flut daher,
lag dann bei ihr im gelben Sand.

Sie küssten und sie liebten sich
tabulos an der Küste,
da dachte Vera eigentlich,
dass dies so bleiben müßte.

So reisten sie nach Gretna Green
(den Pass besorgte sie beim Hehler),
die Ehe rechtlich zu vollziehn
in Schottland ohne Fehler.

Zwar stark im Taumel ihrer Liebe,
zieht doch der Alltag mal ins Land,
dann, als abgeschwächt die Triebe,
sie die Wahrheit ihm gestand.

»Oh Liebster, hör, als kleines Kind,
da ward ich hart bestraft vom Leben,
denn ich bin leider farbenblind,
verzeihst du mir das eben?«

»No Problem«, sprach der starke Mann,
tolerant und voll Verständnis,
dann fing er doch zu lachen an,
nahm seinen Pass zur Kenntnis.

»**Da** stimmt was nicht in dem Gebinde«,
erörtert er der Vera,
»ich heisse Günther Müller-Kinte nicht, man ruft mich
Kunta Kinte,
auch wohn ich nicht in Gera.

Ich sprang vom Schiff und du lagst da,
meine Heimat ist in Gambia,
egal, nun sind wir Mann und Frau,
ich hoffe, bis wir alt und grau.«

Die Moral von der Geschicht
(danach fragt die Liebe nicht):
Nur so vermischen sich Nationen,
ohne vorher sich zu klonen.
Nun, das Leben ist halt so,
auch wenn nicht immer farbenfroh.

Hein, der Schelm

Nach einem guten Geschäft freute sich der Hein,
er lud seine Sekretärin zum Essen ein.
Ein Kaffee noch bei ihr zu Hause sollt sein,
Hein hörte sich nicht sagen nein.

Doch was taten die beiden mit lüsternem Haupte,
es dauerte länger, als Hein glaubte,
er schaute auf die Uhr und suchte das Weite,
doch bat er die Dame um ein Stückelchen Kreide.

Eilte aus dem Haus, man stelle sich vor,
klemmte sich die Kreide flugs hinters Ohr,
worauf dann auch noch, spät in der Nacht,
die liebende Frau durch Gepolter ist erwacht.

»*Wo* kommst du jetzt her, inmitten der Nacht?«
Doch Hein hat gelächelt und nachgedacht:
»Konnte nicht halten unbändige Triebe,
so machte ich lange mit der Sekretärin noch Liebe.«

«*Das* glaubst du wohl selbst nicht,
du armseliger Wicht, leg dich ins Bett und lösche das Licht,
du warst doch beim Kegeln, erbärmlicher Tor,
hast ja noch immer die Kreide hinterm Ohr.«

Und die Moral von dem Gedicht:
Diesmal gelang es dem elenden Wicht;
doch kommst du mal später, kann sein, das kommt vor,
dann stecke dir keine Kreide ans Ohr.

Die Gewohnheit

Schon beim Ansehn kalter Schweiß,
das Herz klopft bis ins Ohr,
der Stachel der Liebe glüht so heiß,
»Amore!«, schallt's im Chor.

Sehnsucht sticht, die Zeit, sie steht,
wir hörn die Engel singen,
sonst für nichts die Welt sich dreht,
vor Glück könnt man zerspringen.

Die Macht der Kraft kennt nur ein Ziel,
in die Arme dich zu schließen,
die wahre Liebe im Gefühl,
lässt sich durch nichts verdrießen.

Doch kommt's mal vor, dass mit der Zeit
die Flamme nicht mehr ganz so hell,
worauf Gewohnheit macht sich breit
im schnöden Alltag schnell.

Gib Acht, dass nicht Gleichgültigkeit
regiert das zeitliche Geschehn,
sie trägt nicht nur ihr schönstes Kleid,
in dem du sie einst gesehn.

Auch du in deiner Männlichkeit
sei lieber auf der Hut,
neue Besen stehn bereit,
sie kehren immer gut.

Doch die Vernunft rät gleichermaßen beiden Seiten:
Wer Kontinuität der Liebe in der Würde fände,
mit rechtem Maß an Achtung einander zu begleiten,
würde verschweißen die Liebe in all den Jahren weit
übers Lebensende.

Schnippischnappi

Die Nacht ist kühl, der Mond scheint fad,
da fährt die Frau auf ihrem Rad,
auf dem Träger fürs Gepäcke
führt sie mit zwei Jutesäcke.

Doch durch des Bleches scharfe Strebe,
entsteht ein Riss im Sackgewebe,
dadurch wird der Sack nicht dichter,
im Gegenteil, er wird nur lichter.

Ja, was ist das, ei der Daus! –
es kullern 2-Euro-Münzen aus dem Loch heraus;
aus heiterem Himmel, wie dem auch sei,
wird sie gestoppt von der Polizei.

Der Freund und Helfer bringt zum Glücke
ein Teil der verlorenen Eurostücke;
misstrauisch werden Polizisten,
wenn Euros über Straßen flitzen.

Ein Schupo frägt direkt vertraut:
»Wo haben sie das Geld geklaut?«
Darauf die Dame voll entsetzt
sich sofort selber dann verpetzt.

»**Es** ist nicht so, wie sie erwarten:
Ich habe einen Schrebergarten.
Das Besondere«, sagt sie in leisem Ton,
»es grenzt daran ein Fußballstadion.

Doch wurde sauer mir der Dinkel
durch Fußballfans und ihr Gepinkel.
Nun steh ich am Zaun im schrägen Winkel,
um zu verteidigen meinen Dinkel.

So setze ich mich dann zur Wehr
mit meiner scharfen Heckenscher:
„Schnippischnappi oder zwei Euro her!" –
den Pissern fällt die Wahl nicht schwer.

Sobald bezahlt das Lumpenpack,
steck ich die Münzen in den Sack.
Das Leben kann schon grausam sein:
Nur wer berappt, packt wieder ein.«

Darauf fragt der Bulle immerhin:
»Was ist im zweiten Sack da drin?«
»Sehr oft hat mancher noch geprahlt
und nicht ein jeder hat bezahlt.«

Die Moral von der Geschicht:
Pinkel in den Dinkel nicht,
oder doch, wie dem auch sei,
hast du zwei Euro mit dabei.

Petri Heil

Heini schleicht auf Freiers Sohlen,
die neue Freundin abzuholen,
aufgemotzt, gestylt und fein
herausgeputzt hat sich der gute Hein.

Schon betätigt dieser Schlingel
unterm Namensschild die Klingel,
so gestiefelt wie der Kater.
Es öffnet ihm die Tür der Vater.

Der staunt nicht schlecht, gleich wie ein Huhn:
»Mein Herr, was kann ich für sie tun?«
Des Vaters Blicke streifen stumm
um den Heini ringsherum.

Leicht verlegen, nicht ganz sicher
grüßt Heini: »Guten Tag, Herr Fischer!«
An Worten sollte es Heini nicht mangeln:
»Die Tochter abholen, wir wollen angeln.«

Schnell erkennt der Vater der Worte Mogeln:
»Da sind sie falsch, wir heißen Vogel,«
Heini spricht: »Eh ich mich red um Kopf und Kragen,
so deutlich wollt ich es nicht sagen.«

Heini tät sich kein Gefallen,
gleich mit der Tür ins Haus zu fallen;
des Vaters Gunst ward ihm zuteil,
er wünscht den beiden: »Petri Heil!«

Das Rätsel

Ein Vielgereister wollt es wagen
einem Politiker zu stellen Fragen,
da sie – mit dem Flieger in der Luft –
beflügelt sind von der Weisheit Duft.

Unauffällig wollt er's wenden,
zu testen den Intelligenzquotienten.
So fragt Genscher Doktor Kohl:
»Hast du es drauf oder bist du im Kopfe hohl?

Er ist meiner Eltern Sohn,
aber nicht mein Bruder,
ich denke mal, du weißt es schon,
mein dicker Freund und Guts'ter.«

»**Ach** herrje, oh lieber Gott,
wie kannst du mich das fragen,
wenn ich's nicht weiß, trifft mich dein Spott
und mir geht's an den Kragen.«

Nach einer Stund löst Genscher auf:
»Mein Guts'ter, du kommst doch nicht drauf,
das bin doch ich«, sagt er zu Helmut locker.
Ungläubig schaut ihn der Kanzler an und fällt fast vom Hocker.

Doch als Diplomat nicht dumm
dreht er sich zu Theo Waigel um:
»Er ist nicht mein Bruder, aber meiner Eltern Sohn?
Wenn du's nicht weißt, trifft dich mein Hohn.«

Theo zuzelt an der weißen Wurst,
trinkt einen Schluck Weißbier für den Durst;
mit seinen dicken buschigen Brauen
vermutet er eh das Grauen.

Nach zwei Stunden Sinnen rutscht er vor
und flüstert dann in Helmuts Ohr:
»Dös woas i jedsd wirkli ned.« Sein Gesicht scheint ziem-
lich fahl,
in Wahrheit interessiert's ihn nicht, es ist ihm auch
scheißegal.

Da dreht sich der schlaue Helmut um:
»Mein Gott, Theo, bist du dumm,
in Bayern weiß das jeder Rancher,
der sitzt doch hier gleich neben mir, das ist doch unser
Genscher.«

Die Moral von der Geschicht:
Besser ist's, du kennst sie nicht.
Ein Politiker redet sich um Kopf und Kragen,
muss er mal die Wahrheit sagen.

Bernd

Die Wege des Geldes, sagt man zum Spott,
gehen seltsame Gänge, im eigenen Trott,
wer benötigt den Mammon im Rahmen zu viel,
der kommt mit Sicherheit nicht an sein Ziel.

Eines Tages, es kam ziemlich flott,
war Bernd der Kaufmann völlig bankrott,
schlimm war's, er wollte die Haare sich raufen,
als ihm die liebe Frau noch davongelaufen.

Selbst seine Geliebte, ohne Gewissen,
bat ihn abrupt, er soll sich verpissen,
er möge sich schleichen auf ganz leisen Sohlen;
sie hielt nichts von Männern, die keine Kohlen.

*Nach*dem er so schmählich von allen verlassen,
irrt er wahllos in Trance allein durch die Gassen,
dann irgendwann landet der erbärmliche Wurm
voll der Verzweiflung am stadthöchsten Turm.

Einsam steht er auf der hohen Zinne der Stadt,
willenlos, hat er sein bescheidenes Leben doch satt;
grad fand er den Mut, in den Tod wollt er springen,
da hört er im Hintergrund ein alt Mütterlein singen:

»Springe nicht, mein Sohn, mache von Sorge dich frei,
wenn du da unten aufknallst, dann bist du nur Brei;
begleite mich und schlafe mit mir,
drei Wünsche gebe ich dir frei dafür.«

Bernd folget vor Freude dem Mütterlein,
sie schleust ihn geschickt ins Altenheim ein.
Nach einer heißen Liebesnacht,
am Morgen schlapp noch, Bernd erwacht.

Bevor das alte Frauchen musst zum Appell,
wollt Bernd einlösen die drei Wünsche noch schnell.
»Sage mir, wieviele Lenze zählet dein Leben?«
»47«, tat Bernd als Antwort ihr geben.

»Doch so alt schon, da kann man mal sehen,
glaubst in dem Alter noch immer an Feen.

Die Moral von der Geschicht:
Traue allen Frauen nicht.
Doch besser so: Es lebt der Bernd
und hat noch was dazugelernt.

Der goldene Löffel

Hochnobel, fein und elegant,
ein speziell teures Restaurant,
und schon deshalb sei bemerkt,
dass die Hygiene voll verstärkt.

Keiner sah, wie es geschah,
schon war das Dilemma da,
eines Chefkochs größter Kummer
ist die Fliege der Gattung Brummer.

Verzog nicht einmal eine Miene,
flog geradewegs in die Terrine,
in die Suppe Marke Aal,
war der Fliege scheißegal.

Der Gast, ein älterer Millionär,
rief sofort den Ober her;
der – nun das Problem an seiner Backe –
griff sofort in seine Jacke.

Mit einem goldnen Löffel, ei der Daus,
fischte er das Übel schnell heraus,
bevor der Gast das Haus verfluchte,
womöglich noch das Weite suchte.

Und wäre nicht der Löffel golden,
hätte der reiche Mann gescholten.
Der Ober freundlich:»Ich erwähne,
der Löffel dient der Hygiene.«

Es schaute dem Ober aber ein Stück Faden
heraus aus seinem Hosenladen,
drauf sprach ihn an der reiche Gast:
»Erklär, wie das zusammenpasst!«

Der Ober war ein Mann des Geistes,
durch seine Worte er beweist es;
unverblümt und ziemlich schlau
erklärte er's dem Gast genau.

»Muss ich mal«, gab er bekannt,
»darf ich nicht nehmen meine Hand;
ziehe ich an diesem Faden,
erleidet die Hygiene keinen Schaden.«

Der Millionär dachte mit zum Gück:
»Wie kriegen sie das Ding zurück?«
Der Ober stellte seine Schläue nicht unter den Scheffel
»Wozu, mein Herr, hab ich den goldnen Löffel?«

Die Gedanken

Wer bestimmt, was wir so denken,
wo kommen die Impulse her,
will uns das Bewusstsein lenken,
kann uns das sagen irgendwer?

Sehe ich die Schönheit einer Rose,
fühle ich Leichtigkeit in meinem Herzen,
begleitet durch der Anmut Pose,
entfliehen Kummer und auch Schmerzen.

Doch was Kommerz versucht zu lenken,
verweigere so schnell es geht.
Warum solln wir an etwas denken,
was vielen nur den Kopf verdreht?

Lasse Augen und Gefühle sprechen,
fahre auf solider Spur,
lege ab gemeine Schwächen,
orientiere dich an der Natur.

Überfallen uns Eindrücke zu viel,
die sinnvoll scheinen in dem Kopfe,
beginnt der Sinne reges Zusammenspiel,
das Positive packt der Charakter, so er's vermag, am
Schopfe.

Lohn der Treue

Waldemar las friedlich seine Zeitung,
damit er nicht stehe auf der Leitung.
Von hinten rechts, so ungefähr,
kommt seine liebe Anne mit der Bratpfanne daher.

Schlägt mit voller Wucht dem armen Tropf
die Pfanne auf den Hinterkopf.
Waldemar ganz ungewollt
sehr stark die Augen nun verrollt.

Nichts hat verstärkt seinen Verdacht,
als er wieder aufwacht:
»Wieso, warum, weshalb
haust du das Ding mir auf den Skalp?

Ist das jetzt die neue Masche?«
»Ich fand einen Zettel in deiner Tasche!
Ich sitze zu Hause als blöde Kuh
und die Siegerin heißt Marylou.«

»Hinweg mit der Pfanne, bringe sie sofort zum Herd,
Marylou, das ist ein Pferd,
so langsam müsstest du mich kennen,
ich wette gern beim Pferderennen.«

»Oh, mein lieber Schatz, das tut mir aber leid –
hast mir gekauft auch noch ein neues Kleid.«
Sie streichelt liebevoll ihm das Ohr,
verspricht: »Das kommt nie wieder vor.«

In den nächsten Tagen voll der Reue
wird er belohnt für seine Treue;
sowohl am Tag wie in der Nacht
ist er nun frei von dem Verdacht.

Nach drei Tagen kommt seine Frau, die Anne,
aber schon wieder von hinten mit besagter Pfanne;
der arme Mann, er kuckt TV, sieht sinnig in die Ferne,
unverhofft tut's einen Schlag, schon wieder sieht er Sterne.

Als er dann wieder zu sich kommt,
darf er das Haus verlassen prompt,
nun muss er schwingen seine Kufen,
sein Pferd hatt' leider angerufen.

Die Moral von der Geschicht:
Meid ein Pferd, das mit dir spricht.

Sinn des Lebens

Gibt es einen Sinn des Lebens,
hat unser Dasein einen Wert,
oder lebt der Mensch vergebens,
weil sein Handeln meist verkehrt?

Kaum da aufrecht er kann laufen,
erwacht sein Stolz, desgleichen Neid,
gleich will er töten, nicht nur raufen,
wenn schöner ist des andern Kleid.

Vielleicht, dass wir uns selbst vernichten,
der Erde ist das schnurzegal,
wenn wir nicht lernen zu verzichten,
wird drastisch sinken der Menschen Zahl.

Wir leben während wenigen Jahren
gemessen an der Weltenzeit,
mit dem, was an Wissen wir durften erfahren:
Sind für die Zukunft wir gefeit?

Wir bohren Löcher in die Erde,
bedienen uns mit schwarzem Gold,
auf dass unser Leben reicher werde:
Ob das die Erde so gewollt?

Auch sehn wir zu, wenn Menschen sterben,
oder ein Regenwald wird entfernt;
besser wär doch abzugeben:
Haben wir geschichtlich nichts gelernt?

Der Himmel schwarz, der Boden heiß,
kein Einhalt wird dem Menschen geboten;
beginnt zu schmelzen mal das Eis, braucht kein Bauer
mehr zu roden;
schlimm daran, dass der Mensch das weiß.

So liegt wohl mehr der Sinn des Lebens
im Einklang mit Gott und der Natur,
sonst lebte wohl der Mensch vergebens
und andre finden unsre Spur.

Bullerei

Kurz vor der Kreuzung hin zur Heide,
stehn vier Bullen auf der Weide,
stolz und mächtig wirkend, zünftig,
einer 20, einer 30, der andre 40, Opa 50.

Zwar unterschiedlich im Gemüt,
versteckt der Trieb sich im Geblüt.
Da treibt ein Kuhhirt, bitte sehr,
zwanzig leckere Kühe im besten Alter daher.

Der Hirt, der treibt in aller Ruh
die Kühe auf die Bullen zu,
der Benjamin (zwanzig) flippt gleich aus,
sagt:»Zehn für mich und aus die Maus.«

»Na, na, na«, mahnt der Bulle dreißig,
für jeden fünf, nicht gleich so fleißig,
du Schnösel mit deinen zwanzig Jahren,
wirst das Sparen schon erfahren.«

»Langsam, langsam«, so der Bulle vierzig,
gern überschätzt man sich und irrt sich;
schon mancher übte Prahlerei,
dann war's bei der zweiten schon vorbei.«

»Pssssssst, Kollegen seid ganz Ohr,
ich lass euch gerne alle vor,
kann sein, dass hold ist uns das Glück,
man treibt sie in den Stall zurück.«

So viel zur Jugend und zur Zeit,
des einen Glück, des andern Leid,
ganz anders ist der Mensch da prompt,
der prahlt, wenn er ins Alter kommt.

Limericks

Hunde

Hunde, die bellen, beißen nicht,
glaubte einst ein Bösewicht,
trat zornig ans Gitter,
die Schmerzen sind bitter,
wenn man die Regel bricht.

Noch einer

Brauchst du einen Freund, dann kauf dir einen Hund,
er bleibt dir treu auch in schlimmer Stund,
wird ohne Bedenken
Freundschaft dir schenken,
gibst du ihm Würstchen, ein Pfund.

Schon wieder einer

Kommst du nach Hause, freut sich das Tier,
es wedelt mit dem Schwanz nur wegen dir.
Und was macht die Frau?
Na, die kocht Kakao,
schön wär's, sie brächte das Bier.

Doch noch einer

Ein Hund kam in die Küche,
gelockt durch die Gerüche,
gern hätte er Wurst,
doch stillt er den Durst,
und lauschet des Koches Flüche.

Noch ein Hund

Bello weilt im Garten,
sein Frauchen zu erwarten,
da schleicht sich ein Dieb,
der gar nicht so lieb,
drum hatte er halt schlechte Karten.

Einbrecher, Pech gehabt

Ein Einbrecher kam zu nächtlicher Stund,
es hörte ihn keiner außer dem Hund,
er bellte und biss,
das war ja gewiss,
nun fehlt dem Dieb am Hintern ein Pfund.

Einer geht noch

Es quakt ein Frosch in Lampertheim,
im Erdenloch am alten Rhein,
von rechts oder links so ungefähr
schritt stolz ein großer Storch daher,
gleich stellt der Frosch das Quaken ein.

Ende